SIETE DÍAS DE UNA VIDA SIN TI

Cartas de amor para Amaranta

ExLibric

JUAN CARLOS MANTILLA

SIETE DÍAS DE UNA VIDA SIN TI

Cartas de amor para Amaranta

EXLIBRIC

ANTEQUERA 2023

SIETE DÍAS DE UNA VIDA SIN TI. CARTAS DE AMOR PARA AMARANTA
© Juan Carlos Mantilla
© de las imágenes de cubiertas e interior: Kora Corazón Sánchez
Diseño de portada: Dpto. de Diseño Gráfico Exlibric

Iª edición

© ExLibric, 2023.

Editado por: ExLibric
c/ Cueva de Viera, 2, Local 3
Centro Negocios CADI
29200 Antequera (Málaga)
Teléfono: 952 70 60 04
Fax: 952 84 55 03
Correo electrónico: exlibric@exlibric.com
Internet: www.exlibric.com

ISBN: 978-84-19520-69-2
Depósito Legal: MA 113-2023

Nota de la editorial: ExLibric pertenece a Innovación y Cualificación S. L.

JUAN CARLOS MANTILLA

SIETE DÍAS DE UNA VIDA SIN TI

Cartas de amor para Amaranta

Índice

Siete Días de Una Vida Sin Ti

7

Prólogo: Ventana abierta al Mediterráneo

Consuela toparse con un bellísimo relato como estas *Cartas de amor para Amaranta*, con esta irrepetible historia de generosidad, de entrega y de amor, que se hace eterno, más inmenso, más doloroso y más inevitable cada día que pasa. Se dice que estamos hechos de lo que recordamos. Y no es precisamente así. Estamos hechos de lo que no conseguimos olvidar. Y así nace el antaño de un lunes sin ella y llega el martes y no está, el miércoles muero por ti y el domingo es un domingo de sol, de horas breves y versos eternos que no alcanzamos a medir ni a comprender porque inmerso en el tiempo está el espacio y la luz, quien lo mide mientras se expande entre los cerezos de Florida y el espejo del mar azul en La Herradura.

Cartas de amor para Amaranta nos va mostrando en cada hoja un acto de amor desvanecido ya, pero que, en un instante, sepulta la sorpresa para revivirla como un soplo prodigioso entre monte y abismo, para cantar una súbita brizna de jazmín sobre una estatua de acero, de un pezón suave que se quiere, arrebatado por sueños delirantes de diez dedos. Bares, mermeladas, ruiseñores y mirlos, gaviotas, bellos sonidos marinos de delfines, jacarandas malvas y hormiguitas negras trepando en fila india por el quicio de una ventana abierta al Mediterráneo. Un racimo lorquiano de nardos estrellado contra un muro de granito. Un juego de perfecto equilibrio entre el amor, el dolor y las ironías del destino.

El autor escribe en clave de pasión, de humor, de ternura, de emoción y de lirismo a flor de piel, esperando a Amaranta, deseando a Amaranta, buscando a Amaranta, pensándola cada minuto del día y de la noche DESESPERADAMENTE…

Fernando Ferreyra (Buenos Aires/Sevilla)

Siete Días de Una Vida Sin Ti

7

«Adiós, me voy,
Te seguirá mi verso donde vayas…».
José Antonio Muñoz Rojas

Para Amaranta, con quien compartí
la más hermosa historia de amor jamás soñada.
Con el amor de siempre y para siempre,
dondequiera que estés, aquí tienes mis…

Versos de amor en la memoria y el olvido

Hoy me siento morir porque me faltas.
Hoy sin ti respiro sin aire y desespero.
Hoy te ensueño porque sin ti me muero,
amapola roja, de amor en mis palabras.

Hoy pienso en el ayer, cuando viniste,
rubia diosa de pechos y aureolas
anaranjadas de miel en rompeolas,
que, empapándome de ti, me enloqueciste.

Hoy siento el perfume de tu voz enamorada,
el calor de tu sexo sobre el rostro
y el dolor de tu ausencia en la almohada.

Hoy tu amor de ayer se me hace historia
al compás del estertor de mi alma rota,
que no cesa de vivir y morir con tu memoria.

Juan Carlos
La Herradura (Granada), diciembre de 2007

Siete Días de Una Vida Sin Ti 7

Agradecimiento y recuerdo

15

Mi agradecimiento y recuerdo a un grupo especial de amigos, con quienes Amaranta y yo compartimos momentos de felicidad en la bahía más hermosa del sur de España, la bahía de La Herradura, y que de un modo u otro fueron parte imborrable de un tiempo especial y de una historia irrepetible.

A todos ellos, mi recuerdo, mi cariño y amistad, siempre.

Siete Días de Una Vida Sin Ti 7

«¡Ay, amor, que se fue
y no vino!
¡Ay, amor, que se fue
con el aire!».
Federico García Lorca

«¿Quién dice que se olvida? No hay olvido».
Luis Cernuda

«Pena con pena y pena desayuno,
pena es mi paz y pena mi batalla.
¡Cuánto penar para morirse uno!».
Miguel Hernández

Siete Días de Una Vida Sin Ti

SUNDAY
7
SATURDAY
6
FRIDAY
5
THURSDAY
WEDNESDAY
3
Kora

Siete Días de Una Vida Sin Ti

7

LUNES

21

«Puedo escribir los versos más tristes esta noche.
Pensar que no la tengo. Sentir que la he perdido».

Pablo Neruda

Siete Días de Una Vida Sin Ti
7

Te cuento, mi amor, te cuento

Y es hoy un lunes más.

Y son las ocho de este lunes en la mañana.

Sin más.

Así, sin más historias.

Son las ocho de este día.

De otro día.

De un día más y sin más.

De un día cualquiera que hoy se llama lunes y mañana diremos que se llama martes, porque esto es lo que nos enseñaron cuando éramos chiquititos.

Un lunes más, sin más, y te empiezo a buscar y a soñar otra vez en el camino.

Como ayer.

Como otro día cualquiera.

Como todos los días ahora, así, de pronto.

Sin más.

Y no te veo y no te encuentro, aunque los mirlos azules y los gorriones grises anden revueltos y piando como locos de rama en rama.

Pero te busco y te sigo soñando mientras el sol comienza a calentar el camino hacia mi casa.

Siete Días de Una Vida Sin Ti

7

Como ayer.

Como todos los días ahora, mientras las flores se despiertan desde las sombras de la madrugada a la luz y al viento que llega del poniente.

Mientras las hormigas caminan en fila india por las cornisas de las casas, los postes del teléfono y los marcos de algunas de las ventanas.

Mientras los hibiscos de color rosa se despiertan otro día a la rutina de siempre y la de cada día.

Y así, mientras todo esto ocurre, yo te busco.

Yo te añoro.

Yo te sueño...

Y te busco mientras desayuno.

Igual que ayer y todos los días.

Y este día de hoy, así, resulta que es un día más, con un desayuno más a las espaldas.

Como el de otro día cualquiera.

Como así parece que son los desayunos de todos los días.

Y te busco antes de empezar el desayuno porque, después, cuando llegan las tostadas, el cafelito con leche calentito, la mantequilla, la mermelada de fresa —algunas veces de melocotón también—, el zumo de naranja, lleno de vitamina C, muy saludable, el vasito de agüita fresca, del tiempo, como dicen algunos parroquianos del lugar, y el periódico del día lleno de noticias, todo esto me tendrá ocupado por un buen rato.

Y te busco y te anhelo desde muy dentro, mientras el azul del cielo sigue azul.

Siete Días de Una Vida Sin Ti

Mientras los mirlos, los gorriones y, ahora también, los vencejos siguen con su discurso de alboroto mañanero sin fin.

Mientras las bocinas de cien Cadillacs rosas espantan los cocodrilos *off* del *Intracoastal Waterway* y despiertan todos los mosquitos a lo largo de la I-95, cerca ya de Miami o en la Puerta del Sol —mismísimo cogollo de Madrid— o en Malibú, que también puede ser.

Mientras las ramas de los árboles y matojos de Cerro Gordo y Punta de la Mona siguen vistiéndose de nuevas primaveras verdes y las jacarandas de Collins Avenue llenan de sueños malvas y anaranjados el atardecer, y cada granito blanco de la arena fina y blanca se hace cada vez más blanco en Miami Beach y en Malibú.

Y también, a veces, en Seabreeze Boulevard de Fort Lauderdale o en Worth Avenue de Palm Beach, que puede suceder también, aunque no suceda, pero nunca bajo las piedras grises de la bahía de La Herradura o en la playa de San Cristóbal, de Almuñécar.

Y no te veo.

Y no te encuentro.

Y así estoy contigo, a flor de piel, asomado al espejo de todos los recuerdos y al panel de miel de todas las galaxias.

Pero no te encuentro y sigo buscándote, con el corazón y el pensamiento, a pesar de la tarea del desayuno aquí, mientras extiendo cuidadosamente la mermelada de fresa en una tostada que se esparce y se estira suavemente, sin protestar ni pestañear lo más mínimo.

Siete Días de 7 Una Vida Sin Ti

Y a la vez leo el periódico del día con las noticias del día anterior a este que nos ocupa hoy, porque, quieras que no, es así como funcionan los periódicos.

Y lo puedo leer al mismo tiempo porque lo tengo convenientemente abierto sobre el lado izquierdo de la taza del café.

Y no estás en la primera página de líos grandes y grandes titulares internacionales.

Ni en la segunda.

Ni tampoco en la tercera.

Ni mucho menos en las páginas de guerras especiales de otras partes del planeta o en las de editoriales de fondo y otra clase de conflictos internos un poco meridionales.

Tampoco en la página de los ecos de sociedad, los crucigramas, los autodefinidos, los jeroglíficos con personajes del Alto Egipto y números cardinales, los cómics o la mayoría de los deportes en general.

Tampoco te veo en la página de «Cultura» o entre las recetas de cocina del lugar.

Pero te busco y te sueño.

Te busco, sí, en cada página, como te vengo diciendo.

Y página por página.

Sin parar.

Sin desmayo.

Sin descansar.

DESESPERADAMENTE...

Pero no estás.

Y no desapareces tampoco, porque no has aparecido ni apareces.

Y como es, sencillamente, que no has estado todavía, está claro entonces que no puedes desaparecer.

Y será por eso, que así es, por lo que no te puedo ver.

Siete Días de Una Vida Sin Ti

7

Y me como ahora otra tostadita con su poquito de mermelada y de mantequilla, aunque resulta evidente que no estás.

Y bebo a sorbitos el café con leche porque está calentito de verdad.

Vamos, que está que pela, más bien, como le gustaba decir a mi tía Tere, la pobre.

Y pongo otro poquito de mermelada en la tostada para acabarla, gloriosamente, como está mandado comerse una apetecible tostada de desayuno, que no es lo mismo que una tostada de la merienda, naturalmente.

Y para ello la zambullo en el cafelito, la saco goteando gloria bendita y me la como rápido porque en este justo momento está así de buena... *¡quetecagas!*

Y es sobre todo por el sabor de la mermelada.

Mermelada, como sabemos, de fresa, de color sangre, muy viva y muy roja.

Roja como las rosas rojas cuando son muy rojas y ya no pueden ser más rojas de lo rojas que son.

Y es que todo tiene un límite, como sabes, en esta vida, hasta en el rojo muy rojo de las rosas rojas.

Y se trata de un color rojo, como el de un vestido rojo también.

Pero no sé si tu vestido es rojo hoy, porque no estás.

Y no te encuentro.

Ni te veo tampoco.

Y entonces decido que es mejor marcharse a casa.

Y mientras voy, te busco, sí, por todo lo largo y ancho del camino y por las estelas de la mar.

Y sigo buscándote hasta llegar al portal n.º 3 de la avenida López del Molviedro, que es donde vivo yo.

Y, una vez ahí, hay que subir al piso tercero y buscar la letra «F» —efe de Francia, por ejemplo— para no tener duda, y es precisamente el apartamento donde vivo, para ser absolutamente exacto.

Siete Días de Una Vida Sin Ti

Pero no cojo el ascensor, sino que subo andando por las escaleras porque me dice mi hijo Chris, desde Miami, que es mucho más saludable hacerlo a pie, a fin de mejorar con ello el ritmo cardíaco y otras cosas mejorables.

Y miro por las escaleras.

Y en cada rincón de todos los peldaños de las jodidas escaleras.

Y tampoco estás.

Y como no te encuentro sentada en ningún peldaño de las dichosas escaleras, resulta claro, entonces, que no has aparecido todavía.

Y que no estás.

Y ya no tengo más remedio que dejar de buscarte en las referidas escaleras y entrar a mi apartamento.

Y, nada más entrar, tiro la mochila al suelo porque pesa, vamos, que pesa jodidamente, esa es la verdad.

Y es que tan pronto metes algunos libros dentro, resulta que pesan como los mulos muertos o, más bien, quizás, como una vaca en brazos, que tiene mucha guasa la cosa también.

Y te busco.

Y te ansío.

Y te deseo sin fin... otra vez y una vez más.

Y deseo simplemente que me vengas de allí de donde estés...

Y que te quedes conmigo para siempre, porque te ansío y te deseo, es verdad,

DESESPERADAMENTE.

Porque resulta que te busco y no te encuentro.

Porque no has estado ni estás.

Y esto parece estar claro, eso sí.

Claro.

Evidente.

Y cada vez más infinitamente claro y transparente.

Siete Días de 7 Una Vida Sin Ti

Porque parece que no has aparecido.

Porque no has venido con el azul de la mañana ni con el calor tibio del sol de invierno que lleva horas alumbrando el día.

Y me asomo a la terraza y ahí me queda claro que tampoco estás.

Y no te veo, claro, porque no estás.

Y entonces es que no te veo ni en el jardín de abajo o al pie del gran árbol, cerca del borde de la piscina tampoco.

Ni a la sombra del otro, el magnífico sauce llorón que vive más allá y que derrama sus lágrimas y suspiros propios, junto a los míos, cada mañana porque no estás.

Y por mucho que te busco al pie de este sauce amigo, no te veo.

Y te busco en sus ramas colgantes al viento, que son como jirones del alma del mismo viento, si así pudiera ser.

Pero tampoco te encuentro.

Y te busco hasta en lo alto de lo más alto.

En esa última y alta rama que besa siempre la primera luz del alba de cada mañana.

Cada día.

Todos los días así.

DESESPERADAMENTE...

Y me desnudo para ir a dormir.

Para soñar contigo,

DESESPERADAMENTE.

Y cuando cierro los ojos sigo buscándote hasta el filo de las sábanas.

Debajo de la almohada, también.

Y hasta en el borde mismo de los mismísimos pies de la cama.

Siete Días de Una Vida Sin Ti

7

Como ayer.

Y ahora, más que nunca,

DESESPERADAMENTE...

Porque te quiero hablar, porque te quiero como quiere el sol la luz blanquísima de la mañana que encuentra al despertar.

Porque no has venido, a pesar de todos los pesares.

A pesar de que te deseo ahora como ayer.

A pesar de que te necesito como siempre y ahora, DESESPERADAMENTE.

Porque resulta que no has venido, mi amor.

Porque no te veo.

Porque no estás.

Porque te quiero hablar otra vez.

Y besar.

Y tocar.

Y acariciarte suave una vez más y, a lo mejor, millones de mil veces más.

Y ahora, también y sencillamente como ayer, estremecer tu piel y tu voz y tu olor,

DESESPERADAMENTE.

DESESPERADAMENTE, amor, porque estoy escribiendo los sentimientos más tristes de mi vida, esta noche.

DESESPERADAMENTE, amor, porque siento, al pensar, que no te tengo.

DESESPERADAMENTE, amor, porque siento, sin más, que te he perdido... aunque sigas dentro de mí.

DESESPERADAMENTE...

Siete Días de Una Vida Sin Ti

7

MARTES

«Oír la noche inmensa, más inmensa sin ella.
Y el verso cae al alma como el pasto al rocío».

Pablo Neruda

Siete Días de Una Vida Sin Ti

7

Te cuento, mi amor, te cuento

Y es martes hoy y así es.

Martes por todo el día.

Completamente martes y entero, debo insistir, porque un día así no se puede partir en mil formas caprichosas y pedazos.

Es así, entonces, martes para todo lo largo del día.

Todo este día entero que sigue al anterior, que es, siempre y por regla general, un lunes.

Y así, otro día, mi amor.

Otro día así después de ayer, pero sin ti.

Desvencijado.

Otro día buscándote, que es otro día sin ti.

Buscándote otra vez, como ayer.

Buscándote, mi amor,

DESESPERADAMENTE.

Como cada día,

DESESPERADAMENTE.

Y así, sin ti,

DESESPERADAMENTE...

Buscándote otra vez como el día busca la noche para dormir apretado a ti y estremecerme contigo.

Siete Días de Una Vida Sin Ti

7

¡Ay, sin ti, pero buscándote!
¡Ay, sin ti, mi amor, pero soñándote!
Y es otro día más sin ti, mi amor,
DESESPERADAMENTE buscándote.
Y es otro día así, que hoy se llama martes.

Buscándote.
Soñándote.
Deseándote, ya ves,
DESESPERADAMENTE.
Otro día así.
Otro martes así.
Y justamente ahora: a las cinco y media de la tarde.

A las cinco y media en punto de la tarde, lo cual quiere decir que son las diecisiete y treinta y en punto de la tarde.

A las cinco y media, que queremos decir en todos los despertadores si tienen pilas adecuadas.

A las cinco y media en punto en mi despertador también, porque, desde luego, tiene sus pilas admirablemente bien puestas.

Pilas fresquitas, que son, ya sabemos, alcalinas de las buenas y todo está en orden, como debe ser.

Y además son pilas de las nuevas, como decía, y alcalinas, de esas que duran más que ninguna.

Vamos, de esas que duran muchísimo y una barbaridad también.

Y, entonces, como te decía, mi amor, son ya las cinco y media en punto de mi despertador también.

Y en todos los Big Ben de la superficie terrestre, pero sin ti.

Sin ti, ya ves, pero buscándote,
DESESPERADAMENTE.

Siete Días de Una Vida 7 Sin Ti

Y me levanto ahora porque duermo de día y trabajo de noche.

Quiero decir, hago el turno de noche en la recepción de un pequeño hotel perdido y dejado de la mano de Dios, del diablo y hasta del mismo dueño, donde entran algunas moscas algunas veces para ensuciar más aún la cutre y raída moqueta del salón, que tiene más de treinta años —dicen algunos— y más manchas que un papel de bollos también.

Eso, algunas moscas, algunas veces, y pare usted de contar.

Y son moscas solitarias.

Y viajantes de invierno cansados y aburridos de su rutina semanal.

Y, otras veces, parejas perdidas que vienen a perderse un rato.

Y furcias con su pagano de turno, ciego de alcohol y medio impotente, para salir al rato —a veces ni una hora siquiera— con los pelos alborotados, el rímel corrido hasta las orejas, las minifaldas torcidas y los *wonderbra* descolocados.

Siete Días de Una Vida Sin Ti

7

Son furcias con sus furcios borrachos, colocados, alicatados hasta las cejas, impenitentes.

Y, así, otro día sin tu amor.

Sin ti.

Buscándote en algunas de las caras que pasan por la calle, y que parecen más limpias y más normales, por si fueras tú.

Y así,

DESESPERADAMENTE.

Pero veo en esas caras que no eres tú.

Y es así siempre y siempre parece que es así, sin variaciones de ninguna clase.

Y otra vez así.

Y una noche tras otra así, mi amor.

Y la siguiente, que es la otra que sigue, también.

Y otra vez vuelta a empezar.

Y a estar sin ti.

Y vuelta a buscarte,

DESESPERADAMENTE.

Esperándote,

DESESPERADAMENTE.

Y no estás en esa cara, ni en la otra, ni en las caras siguientes, ni en las demás, que puede que vengan después.

O tal vez mañana, sorprendentemente.

Y yo lo sé.

Y yo sé que sabré que eres tú y solo tú, cuando lo seas.

Cuando vea claramente que eres tú.

Esa tú y sólo tú que busco y que ensueño,

DESESPERADAMENTE.

Siete Días de Una Vida Sin Ti

7

Esa que no aparece.

Esa que espero esperanzadoramente y que no llega.

Esa que busco y que buscaré mientras viva.

Esa que espero y que esperaré, aunque sea
DESESPERADAMENTE.

Y así te espero mientras salgo a tomar café para sentir el aire fresco y despabilar un poco.

Para despertar con el mundo.

Para poder contemplar los pájaros, las nubes y las flores.

Las flores de todos los colores.

Y las hormigas, las gaviotas blancas y los pescaítos plateados de miles de colores.

A las cinco y media, ya ves, y en punto de la tarde.

A la media en punto de las cinco treinta de esta tarde en particular, mientras las hormiguitas, otra vez y todas en fila india, todas calladitas y todas muy formalmente negras como minúsculas limusinas negras, suben por el borde del quicio de la ventana.

Y de alguna puerta.

Mientras las chicharras verdes cantan sin parar sus locos sueños de amor de su cálido verano.

De este verano caliente y ardiente para mí sin ti, porque no estás, aunque te busque, te rebusque y te ensueñe miles de veces más,
DESESPERADAMENTE.

Y me pregunto dónde estarás o dónde te has metido todo este tiempo helado y vacío sin ti.

Sin el aire y el sonido de tu voz.

Sin el olor de tu perfume y tu sudor...

Y tengo que seguir soñando,
DESESPERADAMENTE.

Buscando,
DESESPERADAMENTE.

Siete Días de Una Vida Sin Ti

7

Pensando y deseando,
DESESPERADAMENTE,
que aparezcas.
Así, así,
DESESPERADAMENTE.
Y es así que te busco, aunque parezca que no te puedo encontrar.

Porque tal vez te quedaste en un recuerdo de ayer.

En la memoria del aire de una tarde de miel y aquella playa inmensamente quieta donde te encontré a la caída del sol, pasadas, tal vez, las cinco y media de la tarde —que todo y eso pudo ser—, aunque no estoy completamente seguro.

Pero sí, allí estabas, sentada frente al mar.

Sentada contigo misma.

Sola.

A la izquierda, la Punta de la Mona, bañándose en el atardecer del sueño, del aire de la tarde y del mar.

Siete Días de Una Vida Sin Ti 7

Y a la derecha el Cerro Gordo, vigilante del día que se acababa suavemente delante de ti y alrededor de la bahía.

Y, allí, tú con tu silencio y nuestro mar.

Y tu pelo largo, rizado y espeso.

Y tus ojos verdes.

Allí, sentada con tu silencio, al borde del mar inmenso y del espejo de la bahía.

Sentada ante el silencio del fin de la tarde, que solo rompían los besos del agua a tus pies descalzos y a la arena mojada de la playa y la bahía.

Y no había nada más en aquel momento del preciso entonces.

Ni en la hipotenusa más azulada del atardecer.

Solo tus pies bellos y suaves, bañándose en el susurro de un mar enamorado, danzando dulcemente y sin cesar, desde el corazón profundo del atardecer en la bahía.

Siete Días de Una Vida Sin Ti

7

Allí, sentada en silencio, rodeada de los cantos rodados y las arenas grises de la bahía.

En silencio.

Dulce.

Callada.

Ensimismada de ti, bajo el cielo de una tarde que ya se antojaba casi infinita.

Frente al mar, sin límite y sin fin.

Sin un fijo horizonte y sin confín, donde los delfines que buscaba Cousteau ya se dormían.

Sentada y callada, sosteniendo la luz última de una tarde que se nos perdía a los dos, pasada la línea débil y gris de un horizonte de miles de sueños perdidos y de ensueños ensoñados sin fin.

Sentada.

Callada.

Siete Días de Una Vida Sin Ti

7

Almacenando colores de amaneceres y amarrando olores del alma que te querías llevar a Madrid.

Y después a Londres —me decías.

Y te llevé a casa de los Molls, entonces.

Y nada más llegar arriba, en Punta de la Mona, pudimos escuchar la voz suave y cálida de Carole King, que nos decía:

«You just call out
my name,
and I'll be there…»

Y nos dimos cuenta, quizá sin necesidad de hablar, fundidos en un abrazo sin fin, de que estaba cantando para ti… y para mí.

Para los dos.

Para nosotros dos… por alguna razón especial que tal vez comenzábamos a sentir y a descubrir a flor de piel… ahora.

Siete 7 Días de Una Vida Sin Ti

Así.

Para nosotros dos.

Así.

Para ti y para mí...

Y, de pronto, al encontrar mis ojos entrando en tus ojos, pude ver el resplandor y el brillo de tu alma asomando en unas lágrimas que empezaban a caer y resbalar quietamente por el borde de tu piel y tus mejillas...

Y yo vi y sentí en tus ojos trémulos de sorpresa y en el mágico brillo de tus ojos verdes el amor...

Y la angustia que nos embargaba a los dos ante la inminente despedida.

Una angustia dura que apretaba las gargantas.

Una angustia que parecía sin fin.

Una angustia que sentíamos así, inmensa, eterna y como infinita.

Angustia llena de amor, de dolor, al borde del abismo, de un descubrimiento nuevo y profundo.

Siete Días de Una Vida Sin Ti 7

Y te besé,
DESESPERADAMENTE.
Y me besaste,
DESESPERADAMENTE.
Y nos besamos, así, otra vez,
DESESPERADAMENTE.

Y, otra vez, casi sin fin..., en el jardín, bajo la bóveda oscura de azul de aquella noche inmensa, de amor, de dolor, de despedida.

Y nos dijimos adiós con promesas, sin límites de fronteras, mientras tus ojos se hacían más verdes, más brillantes, más inmensos de amor en despedida...

Mientras mis ojos se abrían para ti, para albergarte dentro de mí, para abrigarte y abrazarte con la sorpresa de nuestro nuevo amor en despedida.

Y, así, abrazada a mí, temblabas de amor, de dolor y despedida.

Y, así, quedabas abrazada, tiernos allí tus labios, húmeda la entrepierna.

Siete Días de Una Vida Sin Ti

7

Y, al mirarme en tus ojos rebosantes de contenida pena, mezcla de dolor, de amor y de ternura, comencé a desear que no te fueras.

O que hubieses vuelto de Londres y Madrid.

O de donde fuera...

Y, aquí y así, se acabó el café del que te estaba hablando.

Y con él, el sueño del recuerdo en el ensueño que te había traído hasta el fondo de la taza de ese café casi vacía.

Y es que me habías llegado en volandas de pequeñísimas moléculas del tiempo y los recuerdos de un ayer guardados en el corazón, aunque parezca hoy que es de un ayer ya muy lejano.

Pero no es de ahora tampoco, porque no estás.

Y me doy cuenta de que este ahora es un ahora de hoy, pero que tal vez pertenece al ayer y no a hoy, porque no has venido ni estás aquí, aunque en este momento te estuviera sintiendo... llegar.

Siete Días de Una Vida Sin Ti 7

Aunque pudiera ver tus ojos verdes como ayer, al borde del desborde de la pena contenida.

Y era, al parecer, sí señor, que el recuerdo me había llegado cabalgando a lomos del olor del mar y del perfume de las flores del jardín y del aire de poniente mientras extendía más mermelada en la tostada, otra vez.

Y pienso que llegaste como vivo recuerdo, porque eras exactamente la memoria del recuerdo que soñaba.

Y el recuerdo de la memoria que buscaba y deseaba.

Y tú, y a ti, a quien soñaba.

Y así, otra vez, ahora, en el recuerdo de ayer.

Y así hoy por la tarde.

Y por la mañana de mañana.

Y así seguía soñándote, buscándote y respirándote hasta llegar al fondo de la taza de café casi vacía.

Siete Días de Una Vida Sin Ti

7

Y no te encontraba allí porque resulta que no estabas ni en la taza del café ni en las flores del jardín ni a lomos de los delfines azules de la mar.

Ni tampoco sobre las hormiguitas negras del quicio de la ventana.

Y no estabas allí a las cinco y media y en punto de la media de la tarde.

De la misma media en punto de esta tarde —para precisar.

De esta tarde del recuerdo.

Y de la mañana del café con las tostadas o la playa del recuerdo en la bahía.

En la tarde y noche de tus besos cálidos.

Húmedos.

Infinitos...

La tarde de la despedida, con lágrimas rodando contenidas.

Siete Días de Una Vida Sin Ti 7

La tarde de la nostalgia sin fin.

Perdido dentro de mí y en la soledad de mi memoria, bajando ya de Punta de la Mona, camino de San Nicolás.

Dejando aquella playa.

La playa de mi corazón, de aquel verano en La Herradura.

Y ahora estoy aquí de pronto, en otro mundo sin sentido y sin ti, porque no estás.

Y resulta que ahora son otra vez las cinco en punto de la media de la tarde.

De la tarde en todos los relojes del planeta, dependiendo, claro está, de meridianos, luceros, hipotenusas, catenarias y puntitos como estrellas.

Son, claro, otras cinco y media y en punto de mi corazón y, además, sin ti.

Soñándote otra vez, sin fin.

Soñándote siempre así.

Siete Días de Una Vida 7 Sin Ti

Una y otra vez así.

Una y mil veces más, sin límites de fin y, además,
DESESPERADAMENTE.

Soñándote.

Buscándote.

Anhelándote, sin parar el compás y siempre igual,
DESESPERADAMENTE.

Así, sin más fin, como si fuera eternamente…

Como otra vez igual.

Como otra parte de ayer y de las estrellas de todas las noches de entonces.

De los nuevos temblores de amor que comenzaban otra vez.

Como ayer.

Como siempre.

Como ahora,
DESESPERADAMENTE.

Siete Días de
7
Una Vida
Sin Ti

MIÉRCOLES

73

«Qué importa que mi amor no pudiera guardarla.
La noche está estrellada y ella no está conmigo».

Pablo Neruda

Siete Días de 7 Una Vida Sin Ti

Te cuento, mi amor, te cuento

Y llegó al fin este miércoles en alas de la aurora y del viento de poniente.

Llegó así un día más y unas braguitas de colores aparecieron colgadas de la esquina del espejo del cuarto de baño.

Pero no eran las tuyas.

Aquellas mínimas de fino y blanco encaje sobre tu rubio pubis de blanca Venus de luna blanca.

Eran, estas eran, quiero decir, braguitas colgadas de todos sus colores.

Colgadas.

Suspendidas.

Perdidas entre sus mismas flores de colores.

Olvidadas, quizás, o tal vez dejadas en recuerdo del olor de sus miles de sudores y millones de flores de miles de colores.

Pero sin ti, claro.

Sin ti y sin el perfume de tu amor.

Colgadas en el cuarto de baño para mí.

Pero sin ti y, así, ¿para qué? —que digo yo.

Y son de otra que no eres tú.

Siete 7 Días de Una Vida Sin Ti

Porque tú no estabas dentro de ellas,

de estas braguitas de colores, como se habría de suponer que debiera ser si fueras tú.

Y así ni aparecías ni apareces.

Ni te veía tampoco.

Ni te encontraba, aunque a veces sí, en el aire de los sueños...

En los ensueños de los sueños de la tarde.

En el aire del recuerdo y en las gotas del rocío de la mañana.

Como ayer, en el amanecer de la playa de La Herradura.

O al pie de la Punta de la Mona...

Pero el viento ha puesto mucho tiempo entre el ayer que fue y el que hoy no tengo.

Siete Días de 7 Una Vida Sin Ti

Entre el olor que ahora me traen las magnolias de mayo, los jazmines de agosto, las caracolas azules de junio y los nardos de septiembre.

Un ahora empapado del recuerdo de ayer y del olvido de hoy.

Ahora, así, empapado, pensado en ti.

Buscándote entre la luz de los luceros.

Como ayer.

Esta mañana.

Y anteayer también.

Sin ti, mi amor, y sin tu amor,

DESESPERADAMENTE.

Como el día cuando abre sus manos al sol y al temblor del olor y el perfume de vaivenes y fronteras.

Y no llegas.

Y no vienes.

Siete Días de Una Vida Sin Ti

7

Y te busco sin fin y sin descanso, en mí o dentro, muy dentro de mí.

Y así,

DESESPERADAMENTE.

Y no te encuentro.

Y entonces debo seguir soñándote mientras preparo mi cena en la pequeña cocina de mi apartamento.

Y me asomo después a la terraza.

Y veo allí a la mismísima Katerine, que tiende con esmero las ropitas pequeñitas de los niños y también algunas braguitas mínimas de miles de millones de colores.

Y deduzco y pienso entonces que unas braguitas de colores se pueden parecer como gotas de agua a otras braguitas de similares millones de colores.

O a dos botoncitos iguales de colores de un abrigo con botones de colores, claro está.

Siete Días de Una Vida Sin Ti

7

Y resulta más que evidente entonces, y ahora, que, cuando has visto unas braguitas mínimas floreadas de miles de colores, ya puedes decir con toda rotundidad y firmeza que no se pueden inventar más colores de los que ya existen.

Y que se han visto para siempre todas las braguitas existentes en el mundo de miles de colores.

¿O no es así?

Y así, entonces, mesmerizado, me llega de pronto el olor del perfume de tu cuerpo desnudo y nuestro amor en marcha entre la jara, el tomillo y el romero silvestre de la primavera, allí en lo más alto del pico de Cerro Gordo, mirándonos en el cielo y en el mar.

Y extendido allí el cielo infinito, arriba de los dos, para nosotros dos.

El cielo azul azul, casi infinitamente azul.

Brillantemente azul, abrazándonos con el calor tibio de aquella esplendorosa primavera...

Siete Días de Una Vida Sin Ti

7

Y tú, allí, desnuda entre las flores.

Desnuda para mí sobre la manta inglesa de lana de viajes y miles de colores.

Y al lado, enganchadas en una matita de romero, tus braguitas mínimas bordadas con filo de blanco encaje

Y, estas sí, con mil florecitas de todos los miles de posibles florecitas de los posibles colores.

Y estas sí que eran tuyas porque yo te las había retirado de tu pubis de oro y tus muslos húmedos y brillantes como el color de la canela derretida en el mar del amor y la jara en primavera.

Pero estas de ahora y de hoy están claramente sin ti, porque al parecer no son tuyas ni lo pueden ser.

Porque están sin ti.

Sin ti que sueño.

Sin ti que huelo.

Siete Días de Una Vida Sin Ti

7

Sin ti que ensueño y desespero mientras me despiertas del sueño.

Sin ti al aire y al sol.

Sin ti en el cuarto de baño o en las estrellas de la noche, que empieza a llenarse de puntitos blancos y de miles de luceros azules.

De hipotenusas verdes y malvas.

De renglones, de puntos y comas.

De toda clase de paréntesis nuevos, antiguos y renovados.

Pero sin ti.

Y así,

DESESPERADAMENTE.

Sin ti pero con Dylan arrastrando su voz rajada y su quejido rebelde a golpes de armónica y de corazón pastoso en su guitarra viajera.

Siete Días de Una Vida Sin Ti 7

Y entonces, y al recordar su voz, ya no sé si es hoy aquel mañana de ayer...

Knockin' on Heaven's door...

Y al tiempo que lo escucho siento que casi oigo tu voz al calor de tu olor.

Y sueño que se abra esa puerta del cielo o esta misma de aquí abajo, de mi apartamento, que está más cerca, más a la mano y que me aparezcas tú…

Y contigo, tu olor.

Y el perfume de tu voz.

Y el aroma sin fin de tu sonrisa.

Y tu melena al viento.

Y tus ojos verdes.

Y tus labios de seda ardiente, como en aquella primera vez del primer ensueño sellado de ternura, de temblores y de miedos.

Pero no vienes. No.

Siete Días de Una Vida Sin Ti 7

Y es otra vez la memoria del recuerdo de tu olor y de tu voz.

El olor de un recuerdo que asoma y que se acerca de lejos, pero sin ti.

Sin ti, que eres la que busco, como te vengo diciendo.

Sin ti, que sueño y ensueño una y otra vez, DESESPERADAMENTE.

Y que trato de localizar también sobre el sauce que asoma a mi terraza.

Pero ahora decido meterme bajo la ducha.

Y cuando el agua tibia resbala sobre mi piel, cierro los ojos, abro los poros del alma y del corazón de norte a sur y te busco más aún si puede ser.

Más y más.

Y siempre más y mucho más.

Y así, como siempre, sin parar.

Siete Días de Una Vida Sin Ti

7

Sin descanso.

Más y todavía más.

Y otra vez más,

DESESPERADAMENTE.

Y te sueño en el ensueño tembloroso que recorre mi cuerpo mientras el agua cae, buscando encontrarte escondida en algún secreto poro de mi piel enloquecida.

Mientras mis ojos cerrados te sueñan,

DESESPERADAMENTE, otra vez.

Cerrados para, así, ver a cambio mejor tu sonrisa de ayer.

Y tus ojos verdes, amplios, hondos, infinitos.

Aquellos tus ojos, míos entonces, entregados a mí para el amor, la eternidad de los dos y el poderoso recuerdo del temblor casi infinito.

Tus ojos de verde mar y pino, verde salvaje, siempre verde, mientras te veo allí entre miles de cantos rodados y millones de granitos de arena gris.

Siete Días de Una Vida Sin Ti 7

Entre los luceros de la noche que cae.

Entre las estrellas sin fin de todas las galaxias.

Entre los delfines de plata bailando sus danzas de loco cortejo de amor de plata y de música feliz bajo la noche estrellada.

Mientras, las gotas de agua absorben el sentir de mis dolores, el fuego del corazón y el temblor de mis ardores.

Y así, y otra vez, yo te busco y te deliro entre espasmos de amor y estertores de miles de colores,

DESESPERADAMENTE.

Y no te veo otra vez ahora.

Y no te siento, porque no te encuentro, aunque te presiento y te sigo buscando y soñando en los surcos de la tierra de mi corazón, donde nacen para ti los deseos de mis sueños y los ensueños de millones de besos y de flores de colores.

En mil besos que te buscan en la cresta de las olas blancas.

Siete Días de Una Vida Sin Ti

7

En los trinos de amor de cien alondras amigas vestidas de miles de millones de plumas de colores.

En mis quimeras de sueños.

En mi buscarte sin fin en el pozo del ayer donde amontono tus recuerdos.

¡Ay, sin ti, pero, como siempre, buscándote!

Buscándote, sin acabar de saber por dónde, ni el porqué de esta súbita urgencia.

Buscándote en el ensueño sin fin de miles de jacarandas malvas.

Sin descanso ni confín.

Y un día más así, mi amor, con su misma noche a cuestas.

Con el sueño a flor de piel.

Y ensoñándote así, sin parar y sin parar, como ya sabes y, al final,

DESESPERADAMENTE...

Siete Días de Una Vida Sin Ti

7

JUEVES

«Ya no la quiero, es cierto, pero cuánto la quise.
Mi alma no se contenta con haberla perdido».

Pablo Neruda

Siete Días de 7 Una Vida Sin Ti

Te cuento, mi amor, te cuento:

Y sucede que al parecer y, por consiguiente, según parece, es hoy aquel mañana de ayer y puede que lo sea, fíjate, sin lugar a ninguna duda.

O puede que sea simplemente un día más del calendario con el sol radiante alumbrando, como es su obligación quántica y metafísica, desde arriba, la mañana recién estrenada.

Con el viento arrastrando las hojas secas y los papelitos rojos que se arremolinan en un rinconcito sucio de la calle.

Con las gaviotas blancas, muy blancas, nadando en el azul, vistiéndose de plata entre el olor del incienso y la albahaca, el tomillo y el romero, la jara, el jazmín y el limonero.

Y pienso que hoy es un día más, y sin más, al que llamamos jueves por pura rutina de los calendarios.

Y es otro día buscándote después de ayer, que es como decir también del día de ayer y de antes de ayer.

Otro día con el tinte de la lejanía bordada en el recuerdo.

Otro día perfecto para soñarte.

Siete Días de 7 Una Vida Sin Ti

Para recordar, de pronto, tu vuelta de Madrid sin esperarte, hasta que te vi entrar, de pronto, en mi dormitorio y te escuché preguntar:

«Are you ignoring me?».

Y yo te respondí que no, porque no había sabido siquiera que llegabas y porque tu «adorable» tía Maki no se había molestado en avisarme ni decirme nada...

Estaba en cama, te dije, con un golpe de la gripe de turno —de variedad asiática, decían los médicos, los ambulatorios y los hospitales de la provincia, creo recordar—, que me apretaba las sienes y el estómago, a pesar del zumo de naranja y del paracetamol de turno.

¡Me alegró tanto tu visita inesperada y tu sorpresa!

Es cierto, mi amor.

Y fue cierto.

Me alegré un montón de verte allí, así de pronto, sentada junto a mí en el borde de la cama.

Cerca de mí como un ensueño de amapola y de jazmín, de magnolias de agosto y jacarandas de abril.

Siete Días de Una Vida Sin Ti

7

Y hablamos y hablamos, sin querer creerlo...

Y, a la vez, sintiendo cómo el tiempo y la distancia habían establecido un silencio, un velo, una sutil barrera, tal vez como una especial atracción en desconcierto...

Y así dejamos las cosas por aquel momento.

Y quedamos en volver a vernos.

Pero no estaba ahora, de pronto, tan seguro.

Y es que no sentía dentro de mí que realmente tuviera todo el sentido de cuando te fuiste y que todo en verdad tuviera una clara dirección de equilibrio en los sentimientos y emociones que vibran y viven desde dentro.

Que fuera o pudiese ser una razón nuestra, sin fin, sin fisuras, sin dudas y todo perfectamente cierto...

Una necesidad común, compartida en la brújula del tiempo.

Siete Días de Una Vida Sin Ti

7

Temía que todo pudiera acabar y no ser, de pronto, como lo habíamos soñado, tan verdadero y tan cierto.

Temía que todo pudiera morir y acabar como desaparece un latido más en las moléculas del cosmos, del infinito y de todos los agujeros negros del tiempo…

Como se escapa un último espasmo del corazón al viento.

Como mueren los romances de verano, en las cenizas calientes de orgasmos sin rumbo, sin intenciones ni concierto…

Y mientras mareo la ensalada césar que me estoy preparando en la cocina, mi corazón sigue buscándote en el filo del recuerdo de los besos de los tiempos.

Sin fin, mi amor, de principio a fin y sin descanso.

Igual que ayer.

Sin encontrarte otra vez.

Sin dejar de soñarte hoy, como ayer,

DESESPERADAMENTE,

en el dolor del silencio.

Siete Días de Una Vida Sin Ti

7

Y en la cresta de las olas de miles y miles de mis sueños.

Y corto más lechuguita.

Y más tomate.

Su poquito de rábano, de zanahoria rallada y su pepino, como es natural y de obligación, también.

Y te busco nadadora en un fondo de ensalada de ayer, preciosísimo, como sirena azul, de pálpitos y recuerdos siderales sentidos y presentidos.

De amores… de pasiones…de latidos…

Pero no vienes, Amaranta, mi amor, que no me vienes.

Y no sales del fondo que te oculta y te cobija en el recuerdo del tiempo.

Y te llamo.

Pero no escuchas, eso pienso.

Siete Días de Una Vida Sin Ti 7

Porque te busco y te quiero tocar con las yemas de mis dedos y la punta de mi lengua, pero no te veo ni te siento.

Ni te encuentro tampoco, aunque aparezcas como el hada madrina de miles y miles de noches y de sueños.

Y luego me visto para ir al trabajo y te busco, claro, a todo lo ancho y largo del camino, aunque tampoco te veo.

Te siento en el aire, eso sí, pero no te encuentro…

Y me siento entonces en Acapulco Bar para tomar un café y así poder mirar mientras a cada muchacha que pasa por la acera frente a mí, camino de no sé dónde y con prisas, buscando tal vez al ruiseñor de sus amores, de su pasión y su concierto.

Y pienso que todas son hermosas, con muslos apretados, con pechos valientes rajando el viento.

Cada una es ella misma de sí y solo ella.

Pero puedo ver que no eres tú.

Siete Días de Una Vida Sin Ti

7

Y todas caminando con prisa, bebiendo el viento.

Todas perdiéndose en la noche y todas sin ser tú, por más que me empeño y lo intento.

Todas sin detenerse ni un minuto ni tres ni tampoco un segundo cierto.

Caminando a donde sea, en busca del calor de la complicidad del deseo, del contacto y del sudor de los poros de otro cuerpo para empezar otra vez en la noche el juego del amor o del sexo, las drogas de diseño, el alcohol de garrafa, el *rock and roll* y el estertor del estruendo del silencio…

Son las muchachas de las prisas en la noche, cargadas con espasmos y suspiros como gotas trémulas del rocío en la mañana de los sueños, como bocanadas de aire que vienen y que van con los suspiros del calor de las noches calientes del verano al viento.

Con el viento de la noche que te llevó a ti también, pero no te trae otra vez, ahora y a mí, como yo quiero.

Que te pasea en el aire, pero que no te deja en mis brazos, como sueño…

Siete Días de Una Vida Sin Ti

7

Y mientras tomo el café te busco otra vez hasta en el fondo del fondo más hondo de la mismísima taza del café muy negro.

Y no te encuentro, claro, porque todo ahí es negro, muy negro y requetenegro.

Porque ya solo quedan los minúsculos posos del café, que son de un color perfectamente negro.

Negro como un fin sin fin.

Sin ti.

Y además desesperado.

Negro.

Muy negro y más que negro.

Y todo es como siempre, un sueño de ti en la búsqueda del recuerdo.

Toda una ausencia de ti desesperada, aunque no pueda precisar si es cóncava o convexa.

Siete Días de Una Vida Sin Ti

7

O es que tal vez sea una hipotenusa al cuadrado de la misma enésima potencia —si es que la hay— dentro de la búsqueda incesante, inacabable y sin tregua.

Sin un mínimo descanso horizontal en la almohada de la veleta del tiempo.

Y todo sin saber exactamente por qué se han perdido los puntos, los paréntesis, las comas y los vértices de marfil tan ciertos.

Porque han pasado los años, tantos… y ahora, de pronto, tu recuerdo me persigue, me ensueña, me envuelve, me enloquece o me atormenta sin fin,

DESESPERADAMENTE…,

sin rumbo, sin norte, sin color y sin concierto.

Y, entonces, trato de volver atrás, de hacer soñar que volvamos al ayer para buscarte y encontrarte en el momento real que todo fue.

Y es así que te busco, fiel, sin descanso, hoy como ayer y antes de ayer, y te sueño y te ensueño sin desmayo, sin parar, y así,

DESESPERADAMENTE…,

para salir del pozo tan hondo de este agujero negro.

Siete Días de Una Vida Sin Ti

7

Y ahora, más y más, mientras cierro los ojos al sueño.

Mientras hundo mis pupilas y mis voces en la caja del recuerdo.

En la caja donde guardaba, sin saberlo hasta ahora, todos los sueños del sueño…

Y me levanto, por fin, y cargo mi mochila a mis espaldas porque ha llegado la hora de volver al trabajo mientras te busco en mi ensueño.

Y, así, buscando tu sueño en mi ensueño, quiero palpar con la lengua de la memoria el dibujo de tu cuerpo, la geografía de tus muslos, la orografía de tus pechos, el volcán de tu fragua y los ardores que me queman con su fuego el mapa de mis pensamientos…

Y te vas y te vienes en la ola del recuerdo de los dos, allí sentados en el patio de verano del Keyhole, bajo la higuera frondosa con sus hojas enormes, casi infinitas, y sus frutos frescos.

Siete Días de Una Vida 7 Sin Ti

Y, allí, tú, con tu largo vestido de encaje blanco, largo y lindo sobre tu piel morena de agosto y tu corpiño de encaje abrazando y sosteniendo dulce y con mimo el contorno de tus pechos…

Tu cabeza en mi regazo.

Mis dedos enredándose en tus labios tibios y tiernos…

Allí, tú y yo, en una noche de verano casi infinita de sueños…

Solos, tú y yo, soñando los ensueños…

Y, ahora, este despertar que me dice que no estás, aunque yo quiera que estés, pero que solo es un sueño…

Un despertar que me dice que no estás, DESESPERADAMENTE… otra vez,

en mi regazo, en mis brazos en el Keyhole de la bahía de La Herradura de mis sueños…

Pero tengo que seguir el camino hasta el hotel, sin ti.

Contigo solo en el alma, dentro del corazón y en el fondo del centro de mis sueños.

Siete Días de Una Vida Sin Ti

7

Contigo a flor de piel.
Del aliento del pasado y del recuerdo.
Y así,
DESESPERADAMENTE…,
en silencio.
Sin ti, que es como faltarme a mí lo más mío.
Lo más hondo de mí.
El aliento de mi aliento.
Sin ti, que es como estar sin el aire que respiro.
Soñando un día más.
Soñando, como siempre y como ayer, la esperanza de la espera, del olvido de los tiempos.
Esperando,
DESESPERADAMENTE…
en silencio.
Esperando que vengas.

Siete Días de Una Vida Sin Ti

7

Esperando bajo el sol, bajo la luna más llena y alrededor del gato negro más negro que se muerde la cola porque no sabe que es la suya —y así es de cierto.

Mientras el aire viaja entre los papelitos sucios y los mosquitos muy muertos.

Mientras las moscas incordian.

Mientras las flores se duermen en los brazos azules de los sueños.

Mientras yo sigo sin ti, Amaranta de mi amor, un día más y todos los minutos del tiempo.

Esperando, esperando,

DESESPERADAMENTE…,

en silencio.

Sin ti, entre las hipotenusas verdes y las flores de colores.

Los lirios de bronce y marfil.

Entre la misma noche que fue la vertical de los tiempos.

Siete Días de Una Vida Sin Ti

7

De las gentes.

De todas las vertientes del recuerdo.

Y también sin ti entre manecillas de todos los relojes y las madrugadas del tiempo.

Sin ti, mientras los pajaritos pían y las nubes se levantan para volar alto y más alto y más arriba, a caballo de las crines de los vientos.

Soñándote, mi amor.

Recordando mil recuerdos.

Buscando ese tú de ti que no ves y que necesito, y que no encuentro.

Soñando ese tú de ti despierto junto a mí y que no acaba de llegar, viajero del confín más sideral, más galáctico y más eterno, que espero sin desmayar y que me enciende al borde del infinito mar,

DESESPERADAMENTE...

para siempre tuyo, para siempre nuestro, para siempre,

DESESPERADAMENTE...

eterno.

Siete Días de Una Vida Sin Ti

7

VIERNES

129

«De otro. Será de otro. Como antes de mis besos.
Su voz. Su cuerpo claro. Sus ojos infinitos».

Pablo Neruda

Siete Días de Una Vida Sin Ti

7

Te cuento, mi amor, te cuento

Y es viernes, ya, sí, viernes, ¡oh, viernes!
Y yo sigo buscándote como siempre.
Esperándote, como siempre.
Soñándote siempre así, que es como temblar cada noche
abrazando vaivenes de fronteras y tinieblas.
O lunas blancas, brillando poderosas entre los juncos
y los luceros verdes.
Esperándote así,
DESESPERADAMENTE…
en el recuerdo.
En el vuelo de las hojas que abrazan el musgo y la tierra
inerte.
Junto a mí.
Dentro de lo más dentro de mí,
DESESPERADAMENTE…,
así.
Pero no estás, amor, ni llegas ni me escuchas o así me lo
parece al menos, por más que te desee y que te llame con la
voz del desespero paseándose en mi cuerpo.

Y, así, otra vez, noche tras noche al abrigo de miles de
millones de luceros o entre mil soldaditos de plomo con las
casacas rojas, las plumas azules de sus cascos de plata y sus
bayonetas al viento.

Siete Días de Una Vida Sin Ti

7

Así,
DESESPERADAMENTE...
y sin concierto.
Y pienso, claro, que estás ahí.
En algún sitio.
Escondida.
Lejos de mí y de este hondo sentir que tengo, entre millones de gotas de rocío perfumadas con los besos de los tiempos.

Pero tampoco estás ahí, sino que te has ido a dormir entre las flores o las estrellas que besan a los luceros de colores.

A los juncos verdes.

A los grillos salvajes muy negros.

Y no sé, no sé, me digo y me pregunto:

«¿Por qué de pronto has despertado en mí esta búsqueda de ti tan sin fin, cálida a veces y a veces tan dolorosamente tierna?

Siete Días de Una Vida Sin Ti

7

¿Por qué, de pronto y tan pronto, te busco así, en el ensueño irreal, y te llamo dentro de mí al amanecer el día?

¿Por qué te ansío, te deseo y te busco en este ocaso de los sentires de la vida, de simientes siderales y de ensueños en los surcos de la mente de la tierra y de los sueños?».

Y es, tal vez, porque presiento que vendrás, fíjate, aunque no sepa de dónde o si es por dentro.

Aunque no sepa siquiera si vendrás como aureola de sueño, como pellizco de amor o bocanada de temblor azul, arropada con el viento en desconcierto.

Como cauce por el valle de los sueños.

Como sangre ardiendo en mi sangre, como alondra mensajera por la sombra, como planeta amarrado por miles de pensamientos…

Y, como presiento que vendrás, es por eso que te sueño.

Que te llamo.

Siete Días de Una Vida Sin Ti 7

Que te ansío y que te busco para que vengas aquí de donde estés, aunque sea disfrazada de pequeña burbuja de color.

De grano de trigo rubio.

De espasmo rojo de amor.

De bocanada de lirio fresco.

De orgasmo bajando del cielo encendido del ensueño…

Y es así y por eso que no dejaré de buscarte, de soñarte, de esperarte en lo cierto.

De desearte, amor,

DESESPERADAMENTE…,

masticando mi dolor en la soledad y el silencio.

Y mientras te espero, me bebo todo lo que guardo de ti de cara a los arcos malvas de los planetas oscuros que brujulean valerosos por los agujeros negros, en galaxias incendiadas, explotando a los besos siderales de palomas y vencejos, de lirios blancos y azucenas azules, embarcados a los cuatro vientos.

Siete Días de Una Vida Sin Ti 7

Aunque no esté seguro de si vendrás, como presiento.

Aunque estés perdida en la noche bailando entre constelaciones verdes, meteoritos azules, satélites artificiales y mil luceritos brillantes danzando dentro de las burbujas ardientes de todos los agujeros negros.

Por eso y por esto, ya sabes, mi amor, que te sueño, DESESPERADAMENTE…,

en mi silencio.

Por eso te digo que te llamo.

Por eso espero que vengas, tarde o temprano, con el temblor de besos primeros, de cataclismos violetas, de estertores naranjas y gaviotas en vuelo que me traen miles de millones de espasmos, de temblores y recuerdos.

Te estoy soñando así, mi amor de ayer, en esta tarde de hoy, empapada de primeros arrumacos, de caricias primeras, de temblores y de incipientes besos…

De mensajes de palomas mensajeras.

De alondras y ruiseñores.

Siete Días de Una Vida Sin Ti 7

De estertores totales…

De paneles rellenos de las mieles naranja del recuerdo.

Por eso te busco sin descanso en el ensueño de ayer y de hoy, aquí, y desde aquí no hago otra cosa, ya sabes, que perseguirte día y noche,

DESESPERADAMENTE…

en mis sueños.

Y es por eso que no duermo.

Porque te busco en la sombra de la luz, en el brillo de la noche, en la luna que se esconde y en el lucero más brillante que persigo para ti y que no alcanzo a cogerlo.

En las lágrimas del aire que fueron a dormir en el olvido de las sombras del recuerdo.

En las gotas de la lluvia y en los brotes de plata de las burbujas de incienso…

En las caracolas de verbena.

Siete Días de Una Vida Sin Ti 7

En las chinas del camino.

Y en las amapolas muy rojas de tanto besar al viento.

En los cipreses muy serios también.

Y también en la albahaca y el perejil violeta de las nubes y los vientos.

En el jazmín de la era.

En las magnolias de abril en Cotobro y los almendros de mayo de La Herradura y Almuñécar.

Y en las bolitas rojas de San Antonio y San Nicolás que cuelgan maravillosas de las hojitas del muérdago verde.

Y siento así que te quiero,

DESESPERADAMENTE,

besar y morderte y devorar tus pezones de almendra dura y de miel, tus labios rojos, tan tiernos, tus muslos de acero ardiente, tu nido blando y el carmesí vertical de tu sexo, tu ascua de fuego, encendida hasta el fondo del confín sin fin, hasta lo más hondo y muy dentro…

Siete Días de Una Vida Sin Ti

7

Pero ¿qué besar, qué morder y devorar si no te encuentro?

Y así te espero y me desespero de amor.

De sueños salvajes y a la vez muy tiernos.

De pálpitos estremecidos.

De explosiones de volcanes encendidos en los miles de poros de mi cuerpo, mientras se me parte el alma con el temblor de la inseguridad de lo incierto…

Si vendrás o no vendrás de ese ayer encendido y que tengo grabado en la raíz de mi sueño y del imborrable recuerdo.

De aquella noche total, cuando por fin llegó el desenfreno salvaje del contenido volcán, de la pasión, del tierno amor, también, y de los miles de besos…

Besos totales.

Infinitos.

Besos de entrega salvaje y pasión.

Siete Días de Una Vida Sin Ti

7

Dulces.

Encendidos.

Besos salobres, profundos, suaves y tiernos…

Besos taladrando el alma, la carne y el pensamiento.

Noche del amor total, al fin…, del espasmo, del dolor, de la entrega virgen a la locura del amor primero, más salvaje y más tierno.

De estertores malvas, de caricias y arañazos carmesí.

De temblores entre la púrpura y el carmín.

De besos otra vez y otra vez más besos.

De amor y más amor con todos los poros abiertos.

Tu cuerpo salvaje encendido, entregado en delirio sin fronteras al galope de mi cuerpo…

Tu cuerpo ardiendo en mi cuerpo.

Tu sudor resbalando en mi sudor.

Siete Días de Una Vida Sin Ti

7

Y, al final, dos sueños que se funden y se derriten en un estertor eterno…

En un temblor infinito.

En un espasmo sin freno.

Así te hice mujer. Así fue. Así lo recuerdo…

Luego te llevé a tu casa, la casa rosa de la tía Maki, para que allí abrigaras contigo al alba y para siempre contigo nuestro amor tan especial, estrenado como el mejor de los sueños…

Allí te dejé al romper la primera luz del día.

Enamorada.

Hecha total mujer.

Hecha dulce maduro de las mieles del ensueño.

Y, mientras despertaba el día, me volví a San Nicolás con tu amor dentro de mí.

En las entrañas.

Siete Días de Una Vida Sin Ti

7

Todo al fondo.

Dentro del corazón.

Todo dentro de lo más dentro.

Con tu olor a flor de piel, con tu sudor empapándome el fondo de cada poro de mi cuerpo.

Contigo en la distancia ya, pero contigo también hasta el fondo, hasta lo más hondo, muy dentro…

Y conmigo dentro de ti, de tu amapola de fuego encendida al vértice de los cuatro vientos.

Al abrigo de tus pechos de cobre, tu vientre de seda fina, tus muslos de acero prieto.

Y la cálida humedad que bañaba tu entrepierna desde dentro…

¡Ay, qué noche de amor y qué desenfreno de ensueño!

¡Qué gloria de principio a fin!

Siete Días de Una Vida Sin Ti

7

¡Qué noche de amor tan hondo, tan generosamente salvaje, tan insaciable, tan increíble, tan dulce también, tan verdadero y tan cierto!

Y ahora despierto sin ti y no acabo de entenderlo…

Lejos, muy lejos de ti.

No sé por qué es ahora así.

No lo sé.

No lo comprendo.

Y el recuerdo se despierta, se me enciende, pero no estás aquí dentro.

Estoy a solas, buscándote otra vez.

Solo bajo la noche infinita.

Solo con la luna llena.

¿Pero dónde estarás, mi amor, que no te encuentro?

Estoy solo, muy solo, buscándote otra vez.

Siete Días de Una Vida Sin Ti

7

Soñándote despierto.

Deseándote total,

DESESPERADAMENTE,

como se desea la quimera de un ensueño.

Contigo otra vez, pero sin ti.

Buscándote en la fragancia de las magnolias del viento.

Buscándote entre el blanco y rosa de las flores del almendro.

Entre los cuentos de hadas y las madrinas de invierno.

Entre los puntos y comas de delirios bien despiertos, esperando acariciar otra vez la geografía ardiente de tu cuerpo…

¡Ay, qué lejos todo, pero qué lejos sin ti!

Y así despierto del sueño.

Y sueño y miro a mi alrededor, pero no te encuentro dormida en mis brazos ni en las caracolas de la almohada del tiempo.

Siete Días de Una Vida Sin Ti

7

El tiempo que tiembla sin ti amasando los recuerdos.

El tiempo lleno de olor a ti.

El tiempo de olor a jazmín, que se duerme en los helechos.

Y, hoy, así, te busco otra vez y te ensueño en el sueño de mis sueños.

Y no estás y no te encuentro, porque tal vez se separaron los puntos de las comas, las hipotenusas verdes de los círculos cuadrados y las raíces redondas de los triángulos rectángulos y la misma fuente de las aguas y los vientos.

Porque puede ser que tal vez te fueras para no volver, con las alas secretas del amor, del dolor, del gozo y de los pálpitos de vida en los temblores estremecidos de miles de colores, de luceritos verdes, de estrellas rojas fugaces, de olas blancas, de pececitos saltarines y de sueños…

Siete Días de Una Vida Sin Ti

7

Sí, es viernes hoy, mi amor.

Y aquel fue un viernes también en la playa del Capricho de Almuñécar, al abrigo del secreto de la noche, después de la boda de la hija de Froilán, al cobijo de los cuatro puntos cardinales, al susurro de los temblores de tu amor y de mi amor bailando al son de las olas y del viento…

¡Ay, qué viernes aquel de amor,
de mi amor y de tu amor.
Qué noche de viernes sin freno.
Qué noche de amor sin fin.
Qué galope de jazmín entre tus muslos de acero.
Qué noche de amor total, qué delirio y frenesí,
Amaranta de mi amor,
y qué desenfreno tan cierto.
Y de pronto la vuelta a la realidad.
Así.
De pronto.
De golpe.
Para seguir buscándote,
DESESPERADAMENTE…
Soñándote,
DESESPERADAMENTE…
Y otra vez y así es hoy,
y así es,
DESESPERADAMENTE viernes y cierto.

Siete Días de Una Vida Sin Ti
7

SÁBADO

«Ya no la quiero, es cierto, pero tal vez la quiero.
Es tan corto el amor, y es tan largo el olvido».

Pablo Neruda

Siete Días de Una Vida Sin Ti

7

Te cuento, mi amor, te cuento

Y resulta que este sábado me ha llegado casi por sorpresa con las brumas opacas de septiembre.

Septiembre, maduro en lo cierto.

Septiembre, otra vez, con los helechos brillantes y húmedos también, alrededor de la malvarrosa y con los mismos desconchones en el alma de mi huerto.

Los desconchones de siempre, abiertos al aire, al murmullo del mar de tus pestañas verdes, y los arañazos del silencio…

Es septiembre otra vez y yo tengo que buscarte como siempre en este camino nebuloso de lo incierto, de la búsqueda sin fin en este nuevo septiembre, amparada por el mar de amor y el desconcierto.

Y así te busco, desesperado, desde el más lejano recuerdo de nuestro primer encuentro…

DESESPERADAMENTE…

Así me tienes ahora, tomando el desayuno favorito de cada día y que consiste, como bien sabes, en su cafelito con leche, sus tostadas, su poquito de mantequilla, pero no mucha, por eso del colesterol —y esas cosas.

Siete **D**ías de **U**na **V**ida

7

Sin **T**i

Es mantequilla dorada, desde luego, sin sal y normal, por la misma razón, y tampoco falta la mermelada suave de fresa, como siempre, aunque a veces la alterno con otra de frambuesa o melocotón para variar un poquito la cosa, por aquello de que «hasta la perdiz cansa», como dice el sabio refranero español.

O como se dice en EE. UU., «*variety is the spice of life*», con toda la razón del mundo mundial.

Porque no veas el rollo que sería tener que tomar la mermelada de fresa 365 días del año, y de un año entero, o *per secula seculorum*, que dirían los curas y que sería indudablemente peor, ya que nadie sabe todavía o a ciencia cierta donde está el fin de ese *per secula seculorum*.

Y, además del cafelito, llegan las tostadas, la mantequilla y la mermelada de rutina, salvo las variaciones puntuales de melocotón, como tampoco me falta el periódico del día con las noticias correspondientes a la fecha presente, porque esto de desayunar con el periódico es algo perfectamente agradable siempre.

Vamos, que, aunque no se pueda decir que esto es un placer de dioses ni mucho menos, tampoco podemos decir que es una tontería cualquiera.

Siete Días de Una Vida Sin Ti

7

Digamos, pues, para dejar en paz este asunto, que leer el periódico mientras desayuno es para mí un pequeño placer, bastante sencillo y barato, pero agradable y muy gratificante por todos los costados, ya sabes.

Y lo que hoy leo, sabes también que, naturalmente, son las noticias de septiembre, pero del día anterior, porque, como ya te expliqué alguna vez, las noticias, al igual que las barras de pan y los pasteles, se fabrican o se imprimen todo y todas a lo largo de la noche para poder servirlas fresquitas y humeantes, oliendo a tinta caliente de imprenta o a la gloria del horno calentito por las mañanas con los desayunos siguientes.

Y lo cierto es que hemos llegado a este septiembre, así, sin más, como el que no quiere la cosa.

Es decir, que hemos aterrizado de golpe y porrazo en este mes que llamamos septiembre como podíamos haberlo llamado cualquier otra cosa, como cucufate frito, por decir algo.

Y este periódico de hoy está lleno de noticias.

Siete Días de Una Vida Sin Ti 7

Y también de otras informaciones, porque sabemos positivamente que todos los periódicos del mundo, sean de donde sean, están llenos de todas esas cosas y de otras también, como son los anuncios por palabras de remedios maravillosos, de las semanas fantásticas del Corte Inglés y otros grandes centros comerciales, además de las rebajas populares y los teléfonos eróticos de las chicas calientes y exóticas recién llegadas a la ciudad.

Y, por supuesto, también esos anuncios de «Chico busca chico» o «Chica busca chica», porque todo parece que vale en estos tiempos de hoy.

Es decir, que todo se admite en estos días y en estos tiempos, como te puedes dar cuenta sin mayores explicaciones, porque la gente está saliendo de los armarios con una tranquilidad pasmosa y feliz.

Estoy entonces dispuesto a atacar y poner manos al asunto de este desayuno de hoy, pero una vez más sin ti, mi amor, en esta mañana un poquito fresca del nuevo septiembre.

Siete Días de 7 Una Vida Sin Ti

Con tu recuerdo en la piel, a flor de sangre y de piel, arropado con este sentir y en medio de las nieblas finas y opacas y tempraneras del fin de este verano que ya se nos echa encima, cabalgando a lomos del aire que siempre llega del poniente.

Es, digamos, el desayuno de un sábado prosaico más, pero con tu recuerdo de siempre… que llega cálido, templado, vivo, vivísimo y dulcemente hiriente… porque no estás.

Sí, otro sábado más, sí señor.

Y así es como, un día más en este tiempo maduro de finales de verano, cuando sopla ese viento singular con el temprano olor de poniente, una vez más y mientras te ensueño y no te encuentro como me viene ocurriendo, y ahora y así,

DESESPERADAMENTE,

de forma que todo se clava en el corazón y en cada segundo del día mientras desayuno sin ti.

En septiembre.

Mientras te recuerdo en nuestro pub favorito en Piccadilly Circus y en South Kensigton o en Portobello Road o Chelsea, de central London.

Siete Días de Una Vida Sin Ti

7

O en Eshavira de calle Elvira, en Granada, en el bar de Fidel de Pradollano, en Sierra Nevada o en la tasquita de Pedro, en Capileira, de la preciosa Alpujarra, cogidos de la mano… y tú, entonces, con aquella loca peluca de rizos alborotados, bailando un poco al viento de aquellas noches verdaderamente templadas de amor en Londres y de otro septiembre…

Pero sin ti, ahora, mientras el sol se pone en Boston, Massachusetts, mientras los mirlos hacen el amor en Houston, Texas, y los pelícanos de Miami, en Florida, y los conejos de todos los montes del mundo, repiten, una y otra vez, que el tiempo vuela.

Y esto es lo que ocurre en Oklahoma City, Oklahoma, en Richmond, Virginia o hasta en las marismas de Doñana, cerca del Guadalquivir, por ejemplo, también.

Y sin pensarlo mucho más, tampoco.

Y lo repiten así, sin más, como el que no quiere la cosa.

Siete Días de Una Vida Sin Ti

7

Y, mientras, las hormiguitas negras suben y suben en disciplinada fila india por el marco de la ventana que tengo a la derecha, sobre la placita callada de los pacíficos colores de melocotón, de blanco nata o de chocolate y de fresa.

Y te busco también camino de la playa de la Quintanilla y entre los pacíficos rojos, tirando a rosas, de los jardines de la avenida Arias del Molviedro.

Entre los coches de caballos, que se estacionan y se mean a gusto y tranquilamente porque ya no pueden aguantar más, al borde del parque de la Constitución.

¡Ay, si vinieras de pronto, si te acercaras por sorpresa, si te encontrara, te comerían mis besos!

Y en parte me parece despertar junto a tu cuerpo rosado, junto a tu pubis dorado, a la sombra de tus pestañas verdes, y tú palpitando dentro de la sangre de mis venas que recorre acalorada todos los rincones de mi cuerpo....

¡Ay, si vinieras, mi amor, te bajaría el firmamento!

Y lo amarraría a tu voz, a tu mirada dulce de amor, a tu olor y a tu sabor, a tu temblor y silencio…

Siete Días de Una Vida Sin Ti

7

Te estoy viviendo sin ti, te estoy viviendo tan lejos…

Pero a la vez parece que estás junto a mí en el aire del recuerdo.

En las lucecitas de la música del RobertSop, del SidiPepe y de la Cashbah, bailando pegados, muy apretados, piel a piel, oliendo el perfume del temblor, de las mieles del sudor, del estertor y la sal de nuestros cuerpos.

En el fuego de los besos.

En el anticipo glorioso del amor más encendido, más fiero, más dulce, más increíble y más cierto.

¡Ay, dime!, ¿cómo podré yo vivir sin ti, solo con los sueños de mis sueños, por más tiempo?

¿Podré respirar, sin morir, a las caricias salvajes del calor de tus deseos y de tus besos en las esquinas del jardín de tu ausencia y mis recuerdos?

Y así te pregunto desde aquí si vendrás o no vendrás hoy y mañana.

Siete Días de Una Vida Sin Ti

7

Y te ruego a la vez que, por favor, no te demores, mientras me derrito en las olas del amanecer del tiempo.

Sí, por favor, tráeme el olor a la canela de las mieles de tu cuerpo, la miel naranja de tus pechos, el almíbar salobre de tus besos de mar y de vientos…

Ven, con el sol o la lluvia, con los relámpagos sin fin del firmamento más cierto.

Ven, Amaranta, mi amor, para que hagamos historia otra vez entre los mares ardientes de tus besos y mis besos, sobre las estelas blancas, las gaviotas de ensueño, cabalgando nuestro amor entre delfines y la flor de los almendros…

Sí, despierta, por favor, y ven ya, que necesito tus besos.

Porque no estás ni en la playa cuando llego.

Hay, eso sí, cientos de cuerpos tendidos durmiendo penosamente al sol, tostándose como pepitas de café, como zanahorias brillantes empapadas de aceites de coco, de deseo…, de sal, de sol y de mar al viento.

Siete Días de Una Vida Sin Ti

7

Pero tú no estás y eso lo tengo muy claro y muy cierto.

Ellas, y muchas de ellas, si están ahí tendidas, lánguidas, medio despiertas o dormidas, no sabemos, soñando anticipadas noches de pasión, con los ojitos cerrados a los problemas del día o de estos momentos especiales de septiembre y de sus vientos.

Son cuerpos, ya lo sabes, con los deseos más ardientes del salvaje sexo, de delirios anticipados, y de algún amor tal vez incierto…

De todas las tallas y medidas imaginables en la memoria y el pensamiento.

Son cuerpos empapados de cremas bronceadoras, suavecitas, de aceites brillantes y bienolientes por dentro.

Son cientos y cientos de bellos cuerpos con aureolas naranjas en todos los pechos desnudos y sus pezones muy tiesos, muy punzantes y muy duros, desafiando los vientos mientras apuntan muy derechos al sol, al horizonte, a los ojos de todos los mortales, a las gaviotas, a los delfines plateados, a los vencejos que chillan y a los ruiseñores de los huertos que cantan amores a los cuatro vientos…

Siete Días de Una Vida Sin Ti

7

Y hay también cientos y cientos de teléfonos móviles contando historias cotidianas y vulgares, alguna romántica declaración de amor tal vez, de mazazos de desamor... cambio de divisas, planes para la noche que viene o tal vez de mañana en Puerto Banús o en Punta Cana o en el infierno.

Y parejas que se enroscan y se comen mordiéndose a besos llenos de sol, de sal de mar, de aceite bronceador con sabor a coco, a naranja y a todas las arenas de los vientos.

Y veo niños también, levantando castillitos de arena y hoyitos donde guardar todos los sueños.

Y gaviotas blancas que se mecen en el viento transparente del azul del firmamento.

Pero tampoco estás jugando con los niños, las gaviotas o las cometas que suben y que bajan, los delfines de brillante color de plata o los miles de pescaítos de colores que se beben la agüita de las crestas de las olas en movimiento.

Siete Días de 7 Una Vida Sin Ti

Hay, por otra parte, lágrimas ocultas, ya lo sé, y soledades que lloran amores perdidos para siempre y que han muerto…

Y hay pequeños barquitos de vela y muchas olitas blancas que vienen y que van, guardando debajo miles de millones de pececitos marinos y caracoles dormidos porque no saben dónde está el viento.

Pero tú no estás.

Y todo es mar lleno de olas y silencio.

Como tampoco estabas en la playa de La Herradura hasta que apareciste un día, sin más, con 19 años gloriosos, con tus carnes apretadas, tus muslos de fantasía y tus pechos torneados apuntando siempre al viento…

Tú, en tu bikini breve, ajustado, mínimo y negro.

Y tu amiga, Vera Fons, con el suyo rosa caliente abrazando su cuerpo canela, dorado, de rubia esplendorosa recién elegida —la semana anterior— Miss Rhodesia.

Siete Días de Una Vida Sin Ti

7

Ella, rubia de sal y de sol.

Tú, trigueña turgente de cuerpo prieto.

Pero aquel entonces se me vuelve hoy y me doy cuenta de que no estás en la playa donde yo te ensueño…

Que no estás conmigo, donde yo me encuentro casi oliendo tu sudor al sol, tu aceite bronceador y el mismísimo aliento carmesí de tu sexo…

Y no estás tampoco debajo de los cientos de sombrillas a rayas multicolores que se extienden por toda la playa ni entre los galopes veloces de gaviotas y vencejos suspendidos en las alas de los vientos…

Y te busco, así,

DESESPERADAMENTE,

en la playa y en el sol arriba, en la cresta de las olas de la mar, de los granos de arena que revolotean por los cielos cuando los levanta la brisa del viento.

El viento desesperado que no te trae.

El poniente despendolado.

Siete Días de Una Vida Sin Ti

7

El viento.

Siempre el viento…

Y no estás, mi amor, entre ninguno, ni debajo de cualquier granito de arena de esta playa en particular ni en el chiringuito de enfrente tampoco.

Y pido a las gaviotas de hoy y a los peces y a las flores y a todos los delfines plateados de miles de colores que me ayuden a encontrarte dentro del día de hoy, al fin.

Para mañana.

Para siempre…

Les pido que me escuchen, por favor, DESESPERADAMENTE…, y

que te busquen…,

DESESPERADAMENTE…

Que te busquen.

Que te encuentren, amor, y por favor y lo que sea…

Siete Días de Una Vida Sin Ti

Porque yo, aunque te busco y te busco, no te veo.

Aunque te sienta cerca y muy cerca.

Y no puedo tocarte, lo mismo que no se podían tocar tampoco los pelícanos del *fishing pier* de Deerfield Beach, los cocodrilos en Everglades o los flamantes Cadillacs rosa cuando rodaban suave y majestuosamente a lo largo de Duval Street, en Key West, Florida, camino de Mallory Square, mientras Jimmy Buffet mojaba su garganta con otro margarita *drink* y alguien se emborrachaba sin piedad y perdidamente en Sloopy Joe's recordando a Hemingway o los amantes de Dixie se apretaban en el Two Amigos para escuchar la banda de vibrantes negritos entonar dulcemente, un suave y lánguido, *Summertime*,

DESESPERADAMENTE...,

así,

como ahora, que presiento que quiere ser otro más caliente y lloroso *Summertime* para siempre.

Y más allá, al borde del borde del mar y del horizonte sin fin y a la hora justa del *sunset*, el disco rojo, muy rojo y muy caliente empezaba despacio a hundirse ya, lentamente, en el azul marino para dormirse por fin y una noche más entre tiburones de acero azul y barracudas de plata.

Siete Días de
7
Una Vida
Sin Ti

Y todo está lejos ahora.

Todo está allí, lejos, muy lejos.

Todo tan lejos y lejos… como estoy yo sin ti, en esta marea de recuerdos, de vibraciones que suenan a colores, a risas doradas que huelen a ti, a tanto y todo de ti, de repente y de pronto sin ti,

DESESPERADAMENTE… así,

así…,

y es como un dulce tropel

  de ritmos,

  de sonidos,

  de colores.

De sensaciones y olores de ti, pero sin ti.

Siempre, ahora sin ti, pero siempre contigo.

Debajo de la piel… y a flor de la mismísima piel.

Sintiéndote aquí sin estar aquí, organizándome así el más increíble desconcierto.

Siete Días de Una Vida Sin Ti

7

Buscándote,
DESESPERADAMENTE,
en este desconcierto incoloro sin el menor concierto, pero muy cierto.

Sin saber dónde.

Recordándote en el fondo de cada poro de tu piel y de mi aliento,
DESESPERADAMENTE...,
así,
con el sol arriba y las gaviotas blancas.

Con los delfines azules cabalgando en las crestas blancas y bravas de las olitas de plata.

Con millones de gotas de perlas de sudor, de granitos de arena y gotitas de aire de colores, en todos los ombligos redondos de la playa.

En los pechos bien despiertos.

En las pestañas dormidas y en las almendras de miel de las aureolas naranjas.

Siete Días de Una Vida Sin Ti

7

Y cierro los ojos, al fin, para ver si te encuentro cabalgando corceles blancos o pegasos de colores entre el tropel de recuerdos sin fronteras, de quimeras de principio a fin, de emociones bañadas por miles de gotas de rocío trémulas de blanco y de nácar antes de que bañe el alba a los grillos de caoba y a las ranas de marfil naranjas, a los delfines morados y las gaviotas verdes.

A las albahacas de plata.

A las alhucemas encendidas, antes del éxtasis naciente o del ensueño malva sin fin.

Y así,

DESESPERADAMENTE, mi amor,

como una noche infinita y otra vez de principio a fin.

Como otra noche sin ti…,

DESESPERADAMENTE.

Y así, así,

DESESPERADAMENTE y para siempre, así.

Siete Días de Una Vida Sin Ti 7

DOMINGO

«Porque en noches como esta, la tuve entre mis brazos,
mi corazón la busca y ella no está conmigo».

Pablo Neruda

Siete Días de Una Vida Sin Ti 7

Te cuento, mi amor, te cuento

Y sucede de pronto que ya tenemos aquí el domingo, que se nos presentó de repente, casi sin avisar, despierto, luminoso, tranquilo y profundo.

Y este es, desde luego, un domingo que no se diferencia en nada de otro más que en el nombre, porque es un día más que va de principio a fin con sus veinticuatro horas a cuestas y ni una más.

Y de semana en semana.

Perezosamente.

Contigo a flor de la piel del aire asomando al espejo de todos los recuerdos y memorias, al panel de miel de todas las cornisas verdes, azules y naranjas también.

De cada teléfono, de cada hoja verde, de cada beso de amor, en la pasión del silencio.

De cada surco y rasguño de mi voz abrazados por el viento.

De la luz de la mañana.

De los mapas totales del amor de las estrellas y los luceros de todas las galaxias del universo.

Siete Días de Una Vida Sin Ti

7

Del ocaso del sol en el cemento del firmamento y la saliva de los besos perdidos, y en los molinos del aire de los sueños.

De la tierra redonda donde a muchos les duelen los ojos tristes, las lágrimas perdidas y los huesos.

Y las miradas opacas también, que ya no quieren lamer ni los mismísimos perros.

Y sucede,

de pronto, que yo pienso en ti,

DESESPERADAMENTE…

Y sucede que los cielos son normalmente azules en todo el alrededor.

Y YO PIENSO EN TI…

Que las hipotenusas verdes son rectas mientras no se demuestre lo contrario.

Y YO PIENSO EN TI…

Que los gatos se muerden la cola porque creen que no es la suya.

Y YO PIENSO EN TI…

Siete Días de Una Vida Sin Ti

7

Que las gaviotas planean como flechas de plumas blancas, borrachas de azul.
Y YO PIENSO EN TI...
Que los delfines de plata galopan con suma elegancia sobre las crines de las espumitas de las olas muy blancas.
Y YO PIENSO EN TI,
DESESPERADAMENTE...
Y sucede
que las hormiguitas negras y las coloradas de cabeza gorda resulta que desfilan muy serias en fila india, una detrás de la otra, que es lo que quiere decir la perfecta fila india, para que tengas una idea clara.
Y YO PIENSO EN TI...
Que los hospitales son blancos como postales de Don Algodón o sabanas de nieve o algo parecido y no sabemos exactamente el porqué del asunto en cuestión.
Y YO PIENSO EN TI...
Que las braguitas de flores de colores están siempre llenas de flores de todos los lindos colores habidos y por haber —y esto parece lo más lógico y natural.
Y YO PIENSO EN TI...

Siete Días de Una Vida Sin Ti

7

Que los mosquitos nos pican cuando menos se espera y luego se marchan volando, los muy jodidos, entre risas y con la barriguita llena de nuestra sangrecita roja.

Y YO PIENSO EN TI,

DESESPERADAMENTE…

Y sucede

que las moscas incordian más que la gran puñeta, sobre todo en verano cuando el calor aprieta, que es generalmente a las tres en punto de la tarde, por ejemplo.

Y YO PIENSO EN TI…

Que el tomate fresco, cortado a rodajitas muy finas, y con su aliño de buena vinagreta encima y su poquito de sal y pimienta sabe pero que muy requetebién, tanto en invierno como en verano, y lo mismo te digo si te lo comes en el chiringuito del Capi, en los Caños de Meca; en el Chambao de Joaquín, de La Herradura; en Casa Mariano, de Almuñécar o en El Mercader de La Malagueta; en La Sacristía de calle Mateos Gago de Sevilla y por ejemplo, igualmente también, en Casa Román, de Plaza de los Venerables del barrio de Santa Cruz de Sevilla también.

Y YO PIENSO EN TI…

Siete Días de Una Vida Sin Ti

7

Que las bombillas se funden siempre sin previo aviso a la catástrofe de la oscuridad, dejándonos a ciegas de repente, lo cual puede ser un gran coñazo, oscuro y grande, según donde te pille, claro está.

Y YO PIENSO EN TI…

Que los funerales de las personas mayores muy muertas son generalmente demasiado serios y eso que ahora no pasean al muerto en aquel horrible coche fúnebre de mi infancia, con caballos negros, mantas negras encima de sus lomos y plumeros negros y morados, amarrados a las cabezas, cosa que daba susto verlos, y no digamos de la decoración de las vestimentas de los curas y monaguillos, de oro, morado y negro también, para rematar así la fúnebre fiesta.

Y YO PIENSO EN TI…

Que por eso aquel día aplaudí a rabiar el funeral de Espartaco Santoni, en Marbella, con su banda de mariachis al frente de la comitiva fúnebre, camino del cementerio —según expreso deseo y orden del finado antes de morir—, cosa que me pareció totalmente encomiable y que sirvió para levantar el ánimo de los acompañantes, de todos menos del muerto, claro.

Y YO PIENSO EN TI,
DESESPERADAMENTE…

Siete Días de Una Vida Sin Ti

7

Y sucede que las revistas semanales, como puede ser *El Semanal*, nunca mejor dicho, por ejemplo, aparecen siempre, sin fallar, cada semana, y es por ello que las llaman revistas semanales, como es de pura lógica natural.

Y YO PIENSO EN TI...

Que la cervecita fresca tiene siempre un montón de burbujitas debajo de la espumita blanca.

Y YO PIENSO EN TI...

Que los escarabajos peloteros andan siempre con la pelota de mierda a cuestas y son de un feo supremo y total, vamos, que son de esos que pueden resucitar un muerto si te descuidas.

Y YO PIENSO EN TI...

Que los cementerios están siempre llenos y rodeados de cipreses muy serios y muy tristes, como son todos los cipreses, muy verdes, muy altos, muy tiesos y siempre mirando al cielo para ver, tal vez, que nada se les caiga encima.

Y YO PIENSO EN TI,
DESESPERADAMENTE...

Siete Días de 7 Una Vida Sin Ti

Y sucede,

según he deducido que sucede, que la *Divina Comedia*, de Dante, fue la divina comedia más comedia y menos divina de todas las divinas comedias —o así es que me lo parece a mí, desde luego.

Y YO PIENSO EN TI...

Que hay otro insecto llamado mosca cojonera, que es una cosa muy cojonera y muy seria. Y si no, que se lo pregunten a los caballos en la hora de la siesta.

Y YO PIENSO EN TI...

Que las lágrimas cuando caen, y caen siempre para abajo, en todas las mejillas, resulta además que son incoloras, inodoras, pero también un poquito difusas a veces.

Y YO PIENSO EN TI...

Que las amapolas son rojas y las rosas rojas muy rojas son rojas también y naturalmente, porque lo normal es que así deba ser, ¿no te parece?

Siete Días de Una Vida 7 Sin Ti

Y YO PIENSO EN TI,
DESESPERADAMENTE…

Y sucede

Que los cangrejos de río nos pueden picar en zonas pero que muy sensibles y dolorosas de la anatomía humana que todos llevamos a cuestas, como puede ser la colita masculina o los labios carmesíes de la sonrisa vertical de las mujeres.

Y YO PIENSO EN TI…

Que todos los ombligos son más o menos redondos, mientras Pitágoras y la mismísima suegra de Nerón no despierten y nos quieran convencer, con gran esfuerzo, de todo lo contrario.

Y YO PIENSO EN TI…

Que los tranvías han desaparecido de la circulación sin hacer ruido y sin decir ni siquiera adiós.

Y YO PIENSO EN TI…

Que Manolo García dice que tiene arena en los bolsillos, aunque no aclara si la arena está en algunos bolsillos o más bien en todos los bolsillos —que no es exactamente lo mismo, como se puede comprender.

Siete Días de Una Vida
7
Sin Ti

Y YO PIENSO EN TI,
DESESPERADAMENTE…
Que, a veces, eso sí, «*Life's a bitch, and then you die*»,
Y YO PIENSO EN TI.
Que no estoy seguro de que la vida gire alrededor de un eje podrido, como dijo Bukowski. Pero sí me parece muy cierto que hay más mierda a nuestro alrededor de lo que genuinamente debemos soportar.
Y YO PIENSO EN TI.
Que puede ser que yo no sea perfecto, como les ocurre a todos los mortales, pero sí estoy seguro de que algunas partes mías son excelentes y esto, sin lugar a dudas, es la pura verdad.
Y YO PIENSO EN TI.
Que el humo es cosa que sube siempre hacia arriba y los granizos caen siempre para abajo, y que todavía —hasta la presente— no se ha encontrado a nadie que sea capaz de cambiar esto, a pesar de lo simple que parece.
Y YO PIENSO EN TI,
DESESPERADAMENTE…

Siete Días de Una Vida Sin Ti

7

Y sucede

que una cucaracha muerta es tan fea y horrorosa como otra cucaracha muerta —cuando está, lo que se dice, debidamente muerta.

Y YO PIENSO EN TI.

Que algunas mosquitas muertas incordian y joden más que algunas simples mosquitas vivas —y así de sencilla y simple es la cosa.

Y YO PIENSO EN TI.

Que la española tortilla de patatas se llama así, y simplemente así, por lo de las patatas —cosa que me parece de una pura y aplastante lógica patatera.

Y YO PIENSO EN TI.

Que, si te da por criar cuervos, acabarás, generalmente, dándote cuenta de lo feas que son estas criaturas de pluma negra. Y esto es cosa que no tiene solución, por más que lo quieras arreglar. Así que nunca lo intentes.

Y YO PIENSO EN TI.

Siete Días de Una Vida Sin Ti

7

Que cuando alguien diga de alguien que está más muerto que una berenjena, no hay que darle más vueltas al asunto, porque está visto y comprobado que cuando una berenjena se muere, se muere completamente. Y esto no es un decir. Esto es, simplemente, una berenjena muerta.

Y YO PIENSO EN TI,
DESESPERADAMENTE…

Y sucede,

finalmente, que por mucho que quiera distraer mi cabeza, mi pena, y mi dolor… con este filosofario personal y de bolsillo, como de andar por casa, expresado a lo largo de este día que llamamos domingo, resulta, Amaranta de mi vida y de mi amor, que no dejo de pensar en ti,

DESESPERADAMENTE…

Y espero sin vivir que me aparezcas.

Que vengas a sentarte aquí conmigo y apoyar tu cabeza en mi regazo para así poder mirarnos a los ojos lentamente, otra vez…

Sí, ven, Amaranta, por favor, yo te requiero para acallar y acabar con esta desazón en que me encuentro.

¡Ay, qué brevedad de amor me queda y qué profundidad de olvido!

Qué silencio sin tu voz…

Qué estertores en el alba de tinieblas y de fríos…

Siete Días de Una Vida Sin Ti

7

Qué hielo se hace mi cuerpo al despertar sin tu calor, mientras lo moja el rocío…

Ven, Amaranta de mi vida y de mi amor, del allá más lejano en que te encuentres.

Ven ahora que te espero y te sueño, exactamente aquí, para amarte como ayer y bajo esta noche infinita, otra vez, como ayer, enloquecerte…

Para llevarte a mi era después y poder hablar allí de muchas cosas…, compañera de amor, mi compañera.

Siete Días de Una Vida Sin Ti

7

Y así…
DESESPERADAMENTE, mi amor,
quiero soñar contigo
para siempre y
quiero quererte, alondra de mi estero.
Quiero vivir el pasado
de repente, otra vez, y

quiero
que todos sepan que te espero.
Quiero, así,
DESESPERADAMENTE… amor,
que el mundo oiga
que ayer morí de pasión porque te quise
y que hoy muero
DESESPERADAMENTE… de amor,
porque te quiero…

Siete Días de Una Vida Sin Ti

7

Farewell (Adiós)

Ya no se encantarán mis ojos en tus ojos,
ya no se endulzará junto a ti mi dolor.

Pero donde vaya llevaré tu mirada
y hacia donde camines llevarás mi dolor.

Fui tuyo, fuiste mía. ¿Qué más? Juntos hicimos
Un recodo en la ruta donde el amor pasó.

Fui tuyo, fuiste mía. Tú serás del que te ame,
del que corte en tu huerto lo que he sembrado yo.

Yo me voy. Estoy triste; pero siempre estoy triste.
Vengo desde tus brazos. No sé hacia dónde voy.

… Desde tu corazón me dice adiós un niño.
Y yo te digo adiós.

Pablo Neruda

Hasta mañana, mi amor, o hasta que vuelvas…

O…

«¿Serás, amor, un largo adiós que no se acaba?».
Pedro Salinas

Juan Carlos Mantilla
Málaga, 2017